CONSEIL MUNICIPAL D'ALGER

QUESTION

DES

ÉCOLES

RAPPORT

PRÉSENTÉ PAR M. GASTU

ALGER

IMPRIMERIE DE L'ASSOCIATION OUVRIÈRE V. AILLAUD & Cⁱᵉ

Rue des Trois-Couleurs, 19.

1873

QUESTION

DES

ÉCOLES

RAPPORT

PRÉSENTÉ PAR M. GASTU

ALGER
IMPRIMERIE DE L'ASSOCIATION OUVRIÈRE V. AILLAUD & Cⁱᵉ
Rue des Trois-Couleurs, 19.
—
1873

QUESTION DES ÉCOLES

RAPPORT DE M. GASTU

Le citoyen Gastu présente au Conseil le rapport suivant :

Il y a peu de jours, on lisait dans un article publié par le *Moniteur de l'Algérie* et intitulé : *L'Algérie à l'Exposition de Vienne*, les lignes suivantes : « Je ferai remarquer que le département d'Al-
» ger, seul, est représenté à l'Exposition de Vienne
» pour l'instruction publique. *La ville d'Alger*
» surtout y figure dignement pour les *écoles pri-*
» *maires* et a fixé l'*attention* des membres du
» Jury. Il est fâcheux que les autres départements
» se soient abstenus. »
Étrange coïncidence !
C'est au moment où un témoignage des plus
éclatants est décerné à nos écoles laïques par un
homme des plus autorisés, le Président du Conseil
général d'Oran, délégué de son département à l'Exposition, qu'un orage tombe sur elles des régions
administratives et les menace, sinon d'une ruine
complète, tout au moins d'une décadence intellec-

tuelle et morale dont tous nos efforts jusqu'ici avaient eu pour but de les préserver.

Vos préférences pour les instituteurs laïques se sont très explicitement manifestées dans votre délibération du 9 novembre 1870. Peu de temps après, le 27 décembre, l'approbation préfectorale conférait à votre délibération la force exécutoire, tandis que le Ministre et le Commissaire extraordinaire, de leur côté, la consacraient définitivement par une sanction formelle qui mettait fin à une protestation restée sans écho dans le public. Il n'est pas inutile de remettre en lumière ces diverses déclarations qui empruntent un caractère officiel sous la plume des représentants de l'autorité de qui elles émanent.

Ainsi, en même temps que M. Hélot, alors préfet d'Alger, approuvait votre délibération du 9 novembre, il paraissait au *Moniteur* officiel de l'Algérie la note suivante, bien faite pour ne laisser planer aucune équivoque sur la mesure prise. Voici ce que publiait le *Moniteur* : « Le Préfet par inté-
» rim du département d'Alger est décidé à revêtir
» de son approbation toutes les délibérations des
» conseils municipaux régulières, et à lui soumises
» régulièrement, tendant à remplacer dans les éco-
» les communales les instituteurs et institutrices
» congréganistes par des laïques. »

Mais avant la publication de cette note, nous trouvons dans une dépêche ministérielle une déclaration bien autrement caractéristique. Cette dépêche répond à une lettre que M. l'Archevêque d'Alger avait adressée au Ministre du gouvernement de la défense nationale. Voici le passage saillant de cette dépêche :

« Le Gouvernement, déclare le Ministre, ne
» saurait, en aucun cas, imposer aux communes et
» à leurs conseils municipaux la conservation d'un

» mode d'instruction primaire qui présente à leurs
» yeux, l'inconvénient de constituer un monopole
» exagéré au profit d'une seule communion reli-
» gieuse.
» En ce qui concerne spécialement nos trois dé-
» partements algériens, la juxta-position de reli-
» gions différentes crée au Gouvernement des de-
» voirs particuliers, et, avant tout, celui de laisser
» aux différents cultes la plus grande indépendance
» possible, et d'écarter scrupuleusement les ques-
» tions religieuses de tout ce qui peut se rattacher
» au gouvernement et à l'administration du pays.
» Les communes ne se méprennent donc pas en
» cherchant à multiplier l'instruction laïque qui
» offre, à un plus haut degré que toutes les autres,
» des conditions de désintéressement absolu en
» matière de religion. »

M. le Commissaire extraordinaire de la Républi-
que, M. du Bouzet, écrivait à la date du 31 décembre, une lettre de laquelle nous extrayons le passage suivant : « Nul article de loi, disait-il, n'obli-
» ge la Commune à choisir telle catégorie de maî-
» tres, plutôt que telle autre. Le Conseil municipal
» élu, seul représentant légal de la population, est
» souverain en cette matière. »

Et il finissait ainsi : « Il m'est impossible de
» trouver dans notre législation, un seul article de
» loi qui enlève à la Commune d'Alger le droit
» qu'elle veut exercer. »

Cette unité de vues dans les pouvoirs publics, à
tous les degrés, rendait facile la substitution d'un
personnel à un autre, et à part quelques semblants
de résistance, elle s'opéra paisiblement et sans se-
cousse.

Cependant le Gouvernement général changeait de
main. Au Commissaire extraordinaire était substi-
tué un Gouverneur général civil. L'histoire de l'Algérie dira, quand le moment sera venu, comment

celui qui, le premier, a été investi de ce beau mandat a compris son rôle. Le nouveau Gouverneur ne vit pas avec plaisir, dès son arrivée, le renvoi du personnel congréganiste.

Il mit en œuvre divers moyens pour restaurer une influence qui, ne pouvant se soutenir par le seul effet d'une confiance qui va s'affaiblissant tous les jours, a besoin, pour se donner des forces, de faire de constants appels à l'autorité publique. Les moyens détournés n'ayant pas réussi, on chercha un moyen légal de revenir sur l'approbation dont M. le Préfet avait revêtu la délibération du Conseil. — Une difficulté se présentait.

D'une part, le Ministre de l'instruction publique ne paraissait pas se soucier de prendre directement parti dans un débat où l'opinion publique était en lutte avec l'intérêt congréganiste. D'autre part, la législation algérienne plaçait les intérêts scolaires concernant les Européens en dehors de la sphère d'action du gouvernement général. C'est alors qu'on imagina d'apaiser les scrupules de M. Jules Simon en lui persuadant de déléguer ses pouvoirs au Gouverneur général.

Fort de cette délégation, dont l'existence a été seulement affirmée, sans que l'acte qui la renfermait fût jamais produit, le Gouverneur général prit son arrêté du 21 mars 1872, par lequel il déclarait nulle et comme non avenue l'approbation préfectorale du 27 décembre.

La délibération par laquelle vous avez déclaré vous pourvoir contre cet arrêté est du 15 avril suivant. Ce n'est qu'un an après que le Conseil d'État a vidé ce pourvoi. Sa décision est du 23 mai dernier. L'importance de cette décision est tout entière dans les deux considérants qui la terminent et qui sont conçus en ces termes :

« Considérant qu'aux termes des articles 5 et 7 » du décret du 24 octobre 1870, qui a institué en

» Algérie les fonctions de Gouverneur général civil,
» le gouvernement et la haute administration de
» l'Algérie sont centralisés à Alger dans les mains
» de ce haut fonctionnaire et que les Préfets exer-
» cent sous son autorité supérieure les attributions
» conférées aux Préfets des départements de la Ré-
» publique ;
 » Considérant dès lors qu'en déclarant nulle et
» non avenue la décision d'un fonctionnaire placé
» sous son autorité supérieure, le Gouverneur gé-
» néral civil a fait, dans la limite de ses pouvoirs,
» un acte d'administration qui n'est pas de nature
» à être déféré au Conseil d'Etat, par application
» des lois des 17-14 octobre 1790 et 24 mai 1872.
 » Décide :
 » La requête présentée par le sieur Vuillermoz,
maire d'Alger, au nom du Conseil municipal, est
rejetée. »

L'examen de ce document donne lieu à plu-
sieurs remarques qu'il est impossible de passer
sous silence :

1° Le Conseil d'Etat n'a prêté aucune attention
à la délégation ministérielle qui seule aux yeux du
Gouverneur général justifiait l'arrêté du 21 mars.
Sur ce point il a été de votre avis. Il a pensé qu'il
n'était pas loisible à un ministre de déléguer par
un simple acte de sa volonté les pouvoirs spéciaux
qui lui avaient été expressément réservés par un
décret organique. La base sur laquelle le Gouverneur général avait établi son arrêté, n'offrait donc
aucune consistance. Aussi, le Conseil d'Etat est venu à son secours et lui en a trouvé une autre : c'est
précisément celle sur laquelle le Gouverneur général déclarait ne pouvoir (1) trouver un point d'ap-
pui. C'est le décret du 24 octobre 1870, art. 7. De

----

(1) Mémoire du Gouverneur général en réponse à celui de la Commune.

sorte que l'arrêté du 21 mars ne doit finalement sa force qu'à un moyen répudié d'avance par le Gouverneur général comme dénué de valeur.

2° L'interprétation donnée par le Conseil d'Etat au décret du 24 octobre est évidemment trop étendue. L'autorité du Gouverneur général sur les préfets, quelque absolue qu'on la suppose, ne peut aller jusqu'à infirmer le principe contenu dans l'art. 8 du décret du 10 décembre 1860 qui lui refuse toute espèce d'attributions en matière de justice, d'instruction publique et de cultes. C'est pourtant à quoi aboutit la doctrine du Conseil d'Etat. Elle abroge implicitement un principe de notre droit public intérieur. Au nom de son autorité supérieure, le Gouverneur général a pu substituer son action dans une question qui affectait les intérêts de l'instruction publique à celle du ministre compétent.

3° Ce serait une erreur de croire que le Conseil d'Etat a statué sur le caractère plus ou moins légal des résolutions prises par le Conseil municipal à la date du 9 novembre 1870. Bien que dans les considérants de sa décision, il ait cru devoir exprimer son sentiment à cet égard, néanmoins, son objectif principal a été et devait être de rechercher si le Gouverneur général n'avait pas excédé ses pouvoirs en prenant l'arrêté du 21 mars. Son examen ne va pas au-delà de cette unique question. Aussi déclare-t-il que l'arrêté du 21 mars est un acte d'administration qui n'est pas de nature à être déféré au Conseil d'Etat. En réalité le Conseil d'Etat s'est déclaré incompétent.

Ainsi l'arrêté du 21 mars était un acte d'administration. A ce titre il a pu rapporter une décision administrative qui avait quinze mois de date, et qui servait de titre depuis ce temps à une meilleure organisation d'une branche importante du service communal. Rien de plus puissant, comme vous le voyez, dans le domaine du droit administratif, que ce qu'on appelle un acte d'administration.

Une affaire a été délibérée, elle a reçu le sceau de l'approbation préfectorale, elle a été mise à exécution. Vous la croyez à l'abri de toute incertitude. Pour peu que la raison politique y trouve son compte, il pourra se faire qu'une situation, la mieux affermie en apparence, soit à la merci d'un acte d'administration.

Quoi qu'il en soit, les voies légales sont épuisées et quelque pénibles que soient pour nos sentiments les conséquences de notre insuccès, il en résulte pour nous des obligations particulières dont il faut que nous nous rendions un compte exact.

L'arrêté du 21 mars, qui est souverain jusqu'à ce qu'un arrêté contraire l'ait rapporté, ouvre, sans contredit, des droits en faveur des instituteurs et des institutrices congréganistes qui étaient, il y a trois ans, en fonctions dans les écoles communales d'Alger. Mais, de quelle espèce sont ces droits ? Faut-il prendre au pied de la lettre les réclamations que les intéressés ont formulées dans les mémoires qu'ils ont fait parvenir à M. le Préfet ?

Faut-il voir dans l'arrêté du 21 mars un titre de créance, tel qu'un jugement portant condamnation au payement de sommes ? Évidemment non ! Comment un acte d'administration pourrait-il donner ouverture à des droits de cette espèce ? On le comprendrait s'il s'agissait d'un contrat ou d'un acte de juridiction.

L'arrêté du 21 mars n'est qu'un ordre, qu'un simple commandement de l'autorité. Il ne dispose pas autre chose, si ce n'est qu'à un moment qu'il se réserve de fixer, les instituteurs laïques céderont la place, qui leur a été à tort assignée, aux instituteurs congréganistes qui ont été sans droit congédiés.

Voilà toute la portée de cet arrêté. Il ne décide qu'un retour à l'ancienne organisation. Ce retour est la seule réparation que l'administration, procédant par voie d'action et non de juridiction, peut donner aux congréganistes. On se demande comment les congréganistes peuvent en faire sortir le droit à des indemnités qui se soldent par un chiffre aussi formidable que s'il s'agissait de faire payer à la ville une contribution de guerre.

Il n'est pas sans intérêt de connaître les sentiments qui animent les instituteurs congréganistes, à l'heure où le hasard des procédures et des contradictions les remet à la charge de la famille communale.

Rien n'est plus propre à vous fixer sur ce point, qu'une analyse de leurs réclamations :

Sœur Epiphane Haldric, rue Navarin.

6 sœurs..............	10.500	
Location d'une maison d'école...............	8.000	19.300
Achat de mobilier, déménagement...........	800	

Sœur Xavier Monnier, Casbah.

4 sœurs..............	6.450	
(logées dans les bâtiments de l'Etat).		6.550
Matériel.............	100	

Sœur Marie de Jésus-Françoise, rue Roland de Bussy.

5 sœurs et une bonne....	9.950
Location de la maison d'école :	

A reporter...... 25.850

Report......   25.850

(Voici le passage relatif à
cette réclamation) :

» La commune d'Alger nous
avait demandé d'installer l'é-
cole dans une partie de la
maison où se trouve établi le
pensionnat que nous dirigeons
à Alger, et nous lui avions
loué une partie de cette maison pour le prix annuel de
2,200 fr. Lorsque *la direction
de cette école municipale nous
fût enlevée*, la commune eut
la prétention de placer les institutrices laïques qu'elle subs-
tituait aux sœurs, dans notre
propre maison. Malgré nos
protestations, la décision de
la municipalité fut exécutée,
et nous avons dû demander au
tribunal la *résiliation d'un bail*
que les mesures prises à notre égard rendaient impossible. Le tribunal fit droit à notre demande, et nous avons pu
continuer *nos* classes dans le
local qui *nous était rendu*, mais
le prix de location cessa de
nous être payé à dater du 1er
janvier 1872. C'est ce prix
que nous réclamons de la
commune d'Alger, depuis le
1er janvier 1872 jusqu'au 1er
juillet 1873, soit :

A reporter......   25.850

Report...... 25.850

Prix de location des salles d'école à raison de 2.200 fr. par an :

Pour l'année 1872.. 2.200

Pour le 1ᵉʳ semestre 1873........... 1.100

A ce prix il faut ajouter la même somme représentant les locaux que nous dûmes fournir à nos frais pour continuer notre école durant l'année 1871, pendant laquelle la Commune d'Alger occupait le local qui nous appartenait de droit, ci......... 2.200

C'est donc la somme de 5.500 fr. que nous réclamons pour les loyers, ci........ 5.500

Mobilier, réparations, concess. d'eau, dont voici le détail :

Achat du mobilier de l'école........ 2.000

Frais de réparations........... 1.050

A reporter..... 25.850

Report...... 28.850

Concession d'eau
pour les deux années
et demie.......... 1.500

4.550

Total.......... 20.000   20.000

Frère AIMARUS

Les frais occasionnés par les mesures
violentes dont nous avons été l'objet
s'élèvent à la somme de 78.885 fr., ainsi décomposée :

1° Traitement de trois titulaires d'é-
coles et de onze maîtres-adjoints, payés,
depuis 1854, à raison de 62 fr. 50 par
mois, soit pour 33 mois, du 1er janvier
1871 à fin septembre 1873, clôture de
l'année scolaire courante, 62 fr. 50
× 14 × 33............. . 28.875

2° Location des édifices pour
les 3 écoles destinées à remplacer celles dont nous avons
été expulsés, à 550f. par mois,
550 × 33............... 18.150

3° Confection du mobilier
classique nécessaire à 900 élè-
ves et son entretien........ 14.000

4° Logement de 14 titulaires ou maîtres adjoints à raison
de 30 fr. par mois, × 14 × 33. 13.800

5° *Indemnité pour le préjudice moral* occasionné à des

A reporter.... 45.850

Report.....   45.850

lonctionnaires publics par leur
expulsion arbitraire, ainsi que
pour les pertes matérielles su-
bies, comme : Travaux exécu-
tés dans leur ancienne maison
d'habitation, à leurs; frais dé-
ménagement du mobilier personnel ; pertes dans ce mobilier en partie volé ou brisé par
suite de la précipitation avec
laquelle il a dû être transpor-
té, déposé provisoirement dans
des locaux impropres à le recevoir et transféré ensuite dans
d'autres, et enfin frais d'ins-
tallation, soit 1.000 fr. par
personne.... ....   14.000

  Total jusqu'au 30 septem-
bre 1873...............   78.885   78.885

  N'oublions pas la réclamation de M.
de Laplanche, curé de Ste-Croix. Ici,
ce ne sont pas les frères qui demandent,
mais on demande pour eux. On expli-
que, dans leur intérêt, que la fabrique
de l'église du quartier recevait tous les
ans, sous le titre de subvention, une
somme de mille francs qui leur était
destinée. De ce chef.......   3.000   3.000

                                      127.735

  Telle est la somme que les instituteurs et les
institutrices congréganistes estiment que la ville
d'Alger ne peut pas se refuser à léur payer en ex-

piation de ses torts. Cette somme pourrait recevoir encore une augmentation par suite des réclamations exercées à l'encontre de la commune de Mustapha, qui prétend n'avoir rien à démêler avec les congréganistes et laisser ce soin à la ville d'Alger, les faits se rapportant à une époque où Mustapha n'avait pas encore été érigé en commune. Il sera question de l'incident plus loin.

Les congréganistes ne se sont-il pas aperçu des impossibilités énormes qu'ils introduisaient dans leur mémoire, ou bien n'ont-il vu qu'une occasion favorable pour exploiter un succès ? Une illusion leur était permise. C'était de croire que l'arrêté du 21 mars emportait, de lui-même, en leur faveur, le rappel de leurs traitements d'autrefois. Ils pouvaient croire aussi, étant admis que ces traitements leur étaient dus pour des fonctions qu'ils avaient cessé d'exercer, que le jour à partir duquel on leur en devait compte était le 1er janvier 1871 au lieu du 21 mars 1872.

Mais ce qu'ils ne pouvaient ignorer et ce qui sautera au yeux de tous les gens sensés, c'est que, dans aucun cas, ils n'ont pu communiquer aux écoles qu'il leur a plu d'ouvrir, dans l'intervalle, le caractère d'écoles communales ; les baux qu'ils ont passés n'engagent pas la commune ; les écoles qu'ils ont ouvertes ont été des écoles libres. L'école communale ne se déplace pas sans la volonté de la commune. Elle ne suit pas l'instituteur communal. Elle le domine. C'est bien l'instituteur qui est attaché à l'école communale et qui lui emprunte son titre. Ce serait donc par une confusion inacceptable que les instituteurs et institutrices congréganistes essayeraient de présenter les écoles qu'ils ont installées de leur plein gré comme des écoles communales. Les dépenses qu'ils ont faites de ce côté doivent rester plus évidemment encore que le reste à leur charge, de même que le matériel de classe qu'ils ont acquis. Vainement les comprendraient-ils dans l'expression de dommages-intérêts. Les dommages-intérêts, à supposer que la commune fût condamnée à leur en payer, ne sauraient s'étendre jusque là ; celui qui y prétend droit ne peut les augmenter à son gré, et leur mesure est déterminée par la conséquence immédiate de l'acte préjusticiable.

Dans l'espèce, cette conséquence ne serait autre chose que la privation des avantages attachés à la qualité d'instituteur communal et qui sont le traitement et l'indemnité de logement. S'ils eussent borné à ces deux objets leurs demandes, on aurait pu opposer aux instituteurs congréganistes l'absence d'un titre justificatif, mais il aurait été difficile de leur reprocher une criante exagération. Qu'est-ce donc lorsque nous voyons le frère Aimarus porter, dans son mémoire, une somme de 14,000 fr. pour réparation du préjudice moral causé à lui-même et à 13 autres frères à raison de 1,000 fr. par personne ? Est-ce que, pour le frère Aimarus, une maison d'école serait une maison de commerce ? N'a-t-il pas craint qu'on ne le prît au mot et qu'on ne lui fît l'injure de coter au prix qu'il l'évalue un bien que d'autres sauraient plus honorablement défendre. Ah ! soyez-en sûrs, messieurs, ce ne sont pas nos maîtres laïques qui auraient eu jamais la pensée de demander à une somme d'argent une compensation à l'offense qu'on aurait pu faire à leur honneur.

Une partie de la demande de la sœur Marie de Jésus Françoise, au nom de la maison de la Doctrine chrétienne de la rue Roland de Bussy, offre une particularité qui mérite d'être mentionnée. Du temps que les sœurs avaient la direction de l'école communale de filles de ce quartier, elles avaient loué à la commune une partie de leur établissement, pour le prix de 2.200 fr. par an. Advenant les institutrices laïques, elles poursuivirent la résiliation du bail et l'obtinrent. La Commune leur rendit leur maison où, à partir du 1ᵉʳ janvier 1872, elles installèrent une école libre. Elles réclament aujourd'hui le prix du loyer de cette maison comme si le bail avait continué à courir, nonobstant le jugement qui, sur leur requête, en a prononcé la résiliation.

Il est à noter que, dans les mémoires, figurent, parmi les ayants droit à des indemnités, les gens de service et les sous-maîtres ou monitrices.

Or, ce personnel est et a toujours été à la discrétion de l'autorité municipale.

Voilà par quels expédients on en arrive à vous demander la somme incroyable de 127.750 fr. et encore ceci n'a trait qu'au passé.

L'explication que nous vous devons sur la réclamation de M. le curé de Laplanche trouve sa place ici. L'école des frères à la Casbah n'était pas une école communale. Ce point n'est pas contesté. Il s'agit d'une subvention annuelle de 1.000 fr. que l'ancien conseil municipal allouait à cette école et que le nouveau conseil a cru devoir supprimer. Encore, la subvention était-elle déguisée sous la forme d'une attribution de pareille somme à la fabrique de l'église de la Casbah, qui la transmettait aux frères. On reconnaîtra sans peine que cette dépense était essentiellement facultative et qu'ainsi, elle a pu être supprimée sans que le droit des frères en ait souffert.

Aux réclamations dont vous connaissez le chiffre pourrait s'en ajouter encore d'autres. Ce sont celles des instituteurs ou institutrices congréganistes de Mustapha. La décision du Conseil d'État a été communiquée à cette Commune. En réponse, M. le Maire de Mustapha fait remarquer que, lors de la délibération du 9 novembre, Mustapha n'était qu'une annexe ; que son érection en Commune a eu lieu depuis ; que sa Municipalité actuelle étant restée étrangère aux faits qui ont suggéré l'arrêté d'annulation du 21 mars, la nouvelle Commune n'avait pas à être recherchée pour les conséquences qui découlent de l'application de cet arrêté. Ce langage ressemble quelque peu à celui d'une fille qui dirait à sa mère : « Quand j'étais chez vous, nous avons pris ensemble des engagements. J'en supporterais ma part si j'étais encore dans votre maison. Mais j'ai la mienne aussi à cette heure. Partant, débrouillez-vous, ma mère, et tirez-vous en le mieux que vous pourrez. Pour moi, je ne veux entendre parler de rien ! »

Ce langage, assurément, pour être d'un esprit positif, ne révèlerait guère une âme généreuse. Je ne dirai pas que la réponse de la commune de Mustapha manque de générosité. Je n'essaierai pas de montrer que, dans la circonstance présente, la cause des deux communes est la même, et que leur intérêt, bien entendu, devrait les porter à s'unir, au lieu d'écouter la voix d'un étroit égoïsme. Je me contenterai de soutenir que la prétention de Mustapha est contraire à la réalité des faits. Qu'importe que la municipalité actuelle de Mustapha n'ait pas pris part aux changements opérés dans les écoles de cette commune ? Cela empêche-t-il que la communauté de Mustapha n'ait son passé ? Comme section d'Alger, Mustapha n'avait-elle pas des droits à exercer, des obligations à remplir ? N'avait-elle pas sa part d'influence dans la formation du conseil municipal de la ville ? Faut-il lui rappeler comment, sous quelles préoccupations, sa séparation de la commune-mère a été prononcée ? A-t-elle oublié qu'elle doit sa constitution en commune au grief qu'on lui faisait de décider par ses votes du caractère républicain des élections municipales ? C'est en vain qu'elle répudierait une solidarité qu'elle devrait tenir à honneur de revendiquer.

La section de Mustapha s'est associée par ses

votés aux modifications introduites en 1870 dans ses écoles. M. Bru lui-même, le maire actuel de Mustapha, ne faisait-il pas partie alors du Conseil municipal d'Alger, où il représentait la section en qualité d'adjoint? En s'élevant au rang de commune, elle a simplement changé les conditions de son existence, mais sa personnalité morale est restée la même. Une communauté a des phases diverses dans son organisation politique ou administrative; mais elle a des traditions, des souvenirs, des tendances, des obligations, des droits et des intérêts absolument indépendants des modes essentiellement variables auxquels son administration est assujétie. Par conséquent, si les congréganistes pouvaient puiser dans l'arrêté du 21 mars le droit de poursuivre le recouvrement de sommes à l'encontre de la commune d'Alger, ils le pourraient au même titre à l'égard de la commune de Mustapha. Mais nous avons démontré que l'arrêté ne leur conférait pas ce droit.

Nous avons dit ce que l'on vous réclamait pour le passé.

Voici maintenant les dispositions qu'on vous propose pour l'avenir.

A cet égard, le frère Aimarus, qui paraît avoir qualité pour parler au nom de tous les intéressés, se borne à dire discrètement dans son mémoire à M. le Préfet :

« Si la restitution des locaux que nous occupions
» antérieurement ne peut être faite sans de graves
» difficultés, je suis disposé à *étudier la question*
» *en ce qui concerne la nouvelle position* qui pour-
» rait nous être faite. »

C'est une sorte de transaction qui vous est proposée. Mais à quelles conditions ? Vous le verrez tout à l'heure.

C'est M. le Préfet qui s'est chargé de l'étude de la question en ce qui concerne cette nouvelle position.

Elle est exposée tout entière dans les dépêches que M. le Préfet a adressées au Maire, à la date des 15, 31 juillet, 13, 20 et 28 août.

La dépêche du 13 août notamment s'exprime ainsi :

« 1° Je suis porté à espérer que le conseil mu-
» nicipal voudra bien adopter les résolutions suivan-
» tes :

» Réintégrer dans leurs fonctions, à partir du
» 1er octobre prochain, les anciens directeurs et
» directrices, et voter, à partir de cette époque, le
» crédit nécessaire pour faire face au paiement de
» leur traitement.

» 2° Voter le montant des loyers qui leur sont
» dus depuis la date de leur renvoi jusqu'au jour de
» leur réintégration.

» Arrêter avec les congréganistes les conditions
» des nouvelles locations. »

Une réserve est faite en ce qui touche les indemnités pour dommages encourus et pour les dépenses de mobilier. M. le Préfet ne paraît pas être
entièrement convaincu que le préjudice moral pour
lequel le frère Aimarus réclame 14,000 francs,
soit susceptible d'une aussi modeste évaluation. La
question demeure réservée pour être présentée,
plus tard, avec de plus dignes proportions. Une
autre remarque : c'est que la dépêche ne parle pas
de la nécessité de voter les traitements, comme
elle le dit des loyers, à partir de la date du renvoi
des frères ? Faut-il penser que cet article est aban-
donné ou vaut-il mieux croire qu'il est compris
dans la réserve précitée ?

Vient ensuite la dépêche du 20 août. Son principal objet est d'assurer le fonctionnement des écoles congréganistes, à partir du 1er octobre prochain,
au titre de la commune.

Les congréganistes renoncent au droit de se
faire réintégrer dans les anciens locaux. C'est leur

seule concession. Encore est-elle à leur avantage, car ils espèrent ainsi se soustraire à un contrôle auquel les écoles où ils ont exercé sont habituées depuis trois ans.

En échange, on propose à la Commune de reconnaître comme siennes huit écoles dont l'ouverture s'est faite sans elle, d'augmenter son personnel enseignant de 53 personnes et d'accroître, du jour au lendemain, ses dépenses scolaires de 57,600 fr.

Pour bien apprécier la portée des propositions qui vous sont faites, il convient de mettre sous vos yeux le tableau de nos dépenses scolaires actuelles et à la suite, les augmentations proposées :

Tableau des dépenses des écoles communales.

—

PERSONNEL

9 Ecoles de garçons.

9 Directeurs	22.460	
10 Adjoints	18.000	
14 Moniteurs	5.630	47.170
Balayage des écoles	1.080	

6 Ecoles de filles.

6 Directrices	9 000	
6 Adjointes	8.600	
8 Monitrices	3.475	21.619
Balayage des écoles	544	

A reporter	68.789

| | Report..... | 68.789 |

Cinq Asiles.

5 Directrices.........	7.500	
2 Adjointes..........	2.500	
6 Monitrices.........	2.800	15.840
8 Femmes de peine...	3.040	

Traitement du médecin des écoles.............	1.500	
Traitement du secrétaire du Comité............	1.500	6.750
Traitement du professeur des sourds-muets........	» »	
Indemnités de logement.	3.750	

MATÉRIEL.

Fournitures de livres classiques	5.500	
Fournitures diverses, de papier, cahier, etc.......	3.700	15.650
Entretien du matériel et réparations	2.550	
Chauffage et éclairage..	2.700	
Menues dépenses......	1.200	

Total général.......	107.029
Locations de maisons d'école.....	28.475
	135.504

Augmentations proposées par la Préfecture en faveur des Congréganistes.

3 *Ecoles de garçons.*

Rue N.-D. des Victoires, 4 frères à 750		3.000
Rue de l'Intendance, 7 frères à... 750		7.250
Rue Bab-Azoun, 3 frères à...... 750		2.250

8 *Ecoles de Filles.*

Rue Navarin, 6 sœurs à........ 700		4.200
Ecole de la Miséricorde, 13 sœurs à 700		9.100
— 3 sous-maîtresses à 540		1.620
— 2 femmes de peine à........... 540		1.080
Ecole Bab-Azoun, 5 sœurs à..... 700		3.500
— 1 bonne à...... 480		480
Ecole de la Casbah, 3 sœurs à.... 700		2.100
— 1 bonne à...... 480		480
Ecole Cité Bugeaud, 4 sœurs à... 700		2.800
— 1 sous-maîtresse à 600		600

Traitement du personnel. — Total... 36.460

Loyers pour le personnel

3 *Ecoles de garçons.*

Rue N.-D. des Victoires, 4 frères à 360		1.440
Rue de l'Intendance, 7 frères à... 360		2.520
Rue Bab-Azoun, 3 frères à...... 360		1.080

3 *Ecoles de filles*

Rue Navarin, 6 sœurs à......... 200		1.200
De la Miséricorde............. »		»

A reporter..... 6.240

Report.....	0.240	
Bab-Azoun.....................	»	»
De la Casbah.................	»	»
Cité Bugeaud, 5 sœurs à........ 200		1.000
Loyers pour le personnel.......		7.240

Loyers pour les classes

3 *Ecoles de garçons*

Rue N.-D. des Victoires..........	2.500
Rue de l'Intendance..............	3.000
De Bab-Azoun...................	1.800

5 *Ecoles de filles*

Rue Navarin.......	3.200
Miséricorde............	»
Bab-Azoun...........	2.200
Casbah..............	»
Cité Bugeaud...........	1.200
Loyers pour les classes.......	13.900

MATÉRIEL

Fournitures classiques, papiers, livres, etc...........................	Mémoire

Récapitulation

Traitements du personnel.........	36.460
Loyers id.	7.240
Loyers pour les classes...........	13.900
Fournitures classiques, papiers, livres, etc.........................	Mémoire
Total.........	57.600

Un coup d'œil sur ces chiffres fait voir combien serait préjudiciable, pour la Commune, l'adoption des propositions qu'on lui fait. La transaction ne serait onéreuse que pour elle. Sans doute, ce sera un désagrément pour tous de voir les instituteurs congréganistes reprendre possession de nos écoles, qui sont en si bonne voie de progrès. Le sort des instituteurs laïques nous touche, et nous voudrions qu'il fût en notre pouvoir de leur épargner une épreuve douloureuse, à eux, pour qui nous avons toujours ambitionné une situation honorable, en rapport avec les services qu'ils sont destinés à rendre à la société. Mais les ressources de la ville ne lui permettent pas de payer une telle rançon. Ce serait surcharger outre mesure notre budget et mettre en péril des services d'un ordre inférieur, sans doute, mais tout aussi indispensables. Il vous appartient de montrer au besoin à la Commune mineure que la sagesse de ses conseillers la protége efficacement contre des prétentions exorbitantes qu'une imprévoyante tutelle ne sait pas contenir.

D'ailleurs, votre adhésion aux systèmes des dépêches préfectorales, en la supposant possible, ne vous garantirait nullement contre la réintégration dont on a l'air de vous faire grâce. C'est ce qu'il est permis de craindre en lisant dans la dépêche du 20 août cette phrase : « Si la municipalité désire conserver, POUR LE *moment*, ses écoles laïques et les maintenir dans les locaux qui devraient revenir de droit *aux véritables titulaires des Ecoles municipales*, les intéressés consentent à s'établir ailleurs. »

Cette expression, *pour le moment*, pourrait bien être grosse d'une restriction mentale. Evidemment, en certains lieux, on nourrit secrètement l'espoir d'une main-mise des congrégations sur toutes les écoles sans exception.

Vous repousserez donc une combinaison qui

conduirait la Commune aux embarras financiers les plus graves. Est-ce à la veille de contracter un emprunt destiné à couvrir le déficit qui, depuis longues années, gêne nos exercices ; est-ce lorsque la ville en est à se demander avec anxiété quelles ressources lui permettront d'assurer définitivement son alimentation d'eau, que vous iriez consentir à un tel accroissement de dépenses ? Si vous preniez une semblable résolution, les déficits succéderaient les uns aux autres et il vous faudrait renoncer pour longtemps peut-être à la possibilité de prémunir la cité contre les souffrances des années de sécheresse.

Mieux vaut s'en tenir à l'exécution pure et simple de l'arrêté du 21 mars 1872. Comme nous l'avons démontré et comme le Conseil d'Etat lui-même l'a reconnu, cet arrêté n'est pas autre chose qu'un acte d'administration pure. Il ordonne la réintégration des instituteurs congréganistes dans les écoles qu'ils dirigeaient au 31 décembre 1870. Que cette réintégration se fasse ! Pas n'est besoin à cet effet que vous votiez des fonds. Ils sont tout portés au budget. Il ne s'agira plus que d'en faire l'application aux nouveaux ayants-droit, dans la mesure qui leur était autrefois assignée.

Quant aux autres dispositions, elles concernent l'administration supérieure, car elles se réduisent à des mouvements de personnel qui échappent à l'action de la municipalité. M. le Préfet se trompe donc quand il croit pouvoir faire inscrire d'office les sommes nécessaires à l'entretien des écoles tenues en ce moment par les instituteurs et institutrices congréganistes. L'arrêté du 21 mars n'oblige pas, en effet, la Commune à adopter ces écoles. Il prescrit le rétablissement d'une situation ancienne, ce qui est bien différent. Et, voyez la contradiction, on nous dit : Le droit des congréganistes est d'être réintégrés, ce droit est absolu ; vous avez cependant un moyen, si vous voulez, de vous libérer de cette obligation. c'est de prendre à votre charge les écoles que les congréganistes ont fondées dans l'intervalle ; sinon, vous souffrirez leur réintégration. Que signifient ces paroles ?

Qu'on vous laisse le choix entre deux partis, dont l'un, le premier, est celui qui peut vous être imposé, alors que le second vous est seulement proposé, dans la pensée qu'il répondra à des convenances réciproques. C'est, en un mot, d'une transaction qu'il s'agit, et cela est tellement vrai que, dans sa dépêche du 13 août, M. le Préfet vous invite à arrêter avec les congréganistes les conditions des nouvelles locations, en raison de leur renonciation à leurs anciens locaux. S'il en est ainsi, comment se fait-il qu'on puisse, dans les mêmes dépêches, vous menacer de vous imposer d'office ce qui vous est présenté comme pouvant être le sujet d'un compromis. Quoi qu'il en soit, il est un moyen bien simple de rendre impossible cette inscription, qui, d'ailleurs, ne pourrait être qu'arbitrairement faite, c'est de dire : Nous ne voulons pas d'une option qui, pour sauver quelques écoles, se traduirait pour la ville par un surcroît de dépenses que le budget ne saurait supporter. Plutôt la réintégration !

En résumé, l'arrêté du 21 mars n'étant qu'un acte de pure administration, n'a pas pu donner naissance à des droits privés ; ses conséquences sont purement d'un caractère administratif et on ne saurait s'en servir comme d'un titre de créance contre la Commune.

En conséquence, les mémoires en dommages-intérêts présentés par les instituteurs et institutrices congréganistes, n'ont aucun fondement. Il est inutile, quant à présent, de s'appesantir sur les exagérations dont ils sont entachés.

En ce qui concerne les propositions préfectorales tendant à ajouter aux écoles communales actuellement existantes celles qui ont été fondées par les congréganistes, nous avons établi que la Commune était incapable de supporter un si lourd fardeau sans en être écrasée.

Enfin, nous sommes arrivés à cette conclusion, que le mieux était encore de laisser à l'arrêté du 21 mars son cours naturel, c'est-à-dire la réintégration des congrégations dans les écoles qu'elles occupaient il y a trois ans.

A la suite de ce rapport, le conseiller Elie demande à présenter quelques observations.

Le Maire lui donne la parole.

Ce membre manifeste le désir de connaître le nombre exact des écoles et asiles qui étaient dirigés, avant le 1ᵉʳ janvier 1871, par les congréganistes et pour quelles sommes ces personnes émargeaient au budget ? La connaissance de ces renseignements, ajoute ce membre, permettrait au conseil d'apprécier la valeur de la réclamation actuelle des congréganistes, en comparant le montant de cette réclamation avec les sommes qui leur étaient précédemment allouées. -- Cela faciliterait également l'appréciation de la combinaison proposée par M. le préfet : l'on verrait, en effet, quel est l'écart qui pourrait exister entre les propositions actuelles, qui s'élèvent à 57.600 fr. et les sommes qui étaient autrefois payées par la Commune.

Les citoyens Gastu et Le Lièvre font observer que ces renseignements existent ou sont faciles à fournir, mais que la forme sous laquelle se présente actuellement l'affaire ne motive pas l'examen de ces renseignements, dont la production pourra d'ailleurs trouver son utilité dans le cas où, par impossible, l'affaire entrerait dans une phase nouvelle. Mais que, quant à présent, ces documents ne sauraient être d'aucun poids pour accentuer la fin de non-recevoir proposée tant à l'égard des réclamations formulées par les congréganistes, qu'à l'égard des propositions faites par M. le préfet.

Le citoyen Elie demande acte de la déclaration suivante :

Dans le cas où les congréganistes viendraient à être réintégrés dans les écoles qu'ils occupaient avant le 1er janvier 1871 et payées sur les fonds communaux, le conseiller Elie se réserve de tirer du fait de cette réintégration toutes conséquences ultérieures, en ce qui touche la réintégration, au même titre, des écoles rabbiniques congédiées en 1868 par la précédente administration municipale.

Le Maire donne acte au citoyen Elie de cette réserve.

Le Maire soumet ensuite à l'adoption du Conseil le projet de délibération suivant :

Le Conseil municipal,

Vu la décision du Conseil d'Etat, en date du 23 mai dernier qui rejette, pour cause d'incompétence, le pourvoi formé par la ville d'Alger contre l'arrêté du Gouverneur général, en date du 21 mars précédent ;

Vu les réclamations formulées à leurs dates par certains instituteurs et institutrices congréganistes ;

Vu les dépêches préfectorales en date des 15 et 18 juillet dernier, et 20 et 28 août courant ;

Vu le rapport qui lui a été présenté par M. Gastu ;

Considérant que l'arrêté du 21 mars 1872, reconnu inattaquable par la décision du Conseil d'Etat, étant un acte de pure administration, ne saurait comporter que des conséquences administratives,

Que son seul effet est de permettre de substituer certaines dispositions à celles qui résultent de la délibération du 9 novembre 1870, approuvée le 27 décembre par l'autorité préfectorale ;

Considérant que le sursis qui a suspendu, pendant le cours du pourvoi, l'exécution dudit arrêté, a été également dû à un acte d'administration ;

Considérant, dès lors, qu'on ne saurait se faire un titre de cet arrêté pour fonder sur lui une demande en dommages-intérêts ;

Qu'il est de principe qu'une demande de cette nature rentre dans les attributions des juridictions;

Considérant que l'arrêté du 21 mars ne renferme pas autre chose qu'un ordre de réintégrer les congréganistes dans les écoles d'où ils ont été congédiés le 1er janvier 1871 ;

Considérant que M. le préfet, par ses dépêches, notamment celles des 13 et 20 août, propose à la municipalité de considérer, comme l'équivalant de cette réintégration, le maintien au compte et au litre de la Commune, des écoles ci-après :

Ecoles de garcons.

Ecole N.-D.-des-Victoires ;
Ecole rue de l'Intendance ;
Ecole de Bab-Azoun ;

Ecoles de filles.

Ecole de la rue Navarin ;
Ecole de la Miséricorde ;
Ecole de Bab-Azoun :
Ecole de la Casbah ;
Ecole de la cité Bugeaud,

Que les congréganistes ont fondées depuis le jour où ils ont été congédiés ;

Considérant que l'adoption de cette proposition par la Commune obligerait son administration à

augmenter ses dépenses scolaires qui sont aujour-
d'hui de.............................. 135.504
   D'une somme d'au moins.......... 57.600
   Ainsi que cela résulte des dépêches
préfectorales elles mêmes.

            Soit en totalité......... 135.504

   Considérant que la Commune n'est pas en situation de grever son budget d'une aussi forte somme ; que ce serait, en effet, payer d'un prix exces-
sif l'avantage d'être dispensé de la réintégration ;
et qu'il est, d'ailleurs, moins préjudiciable à ses intérêts de subir l'exécution pure et simple de l'arrêté
du 21 mars 1872 ;

   Considérant, enfin, en ce qui touche les moyens
d'assurer la réintégration des Instituteurs et Institutrices congréganistes, qu'il n'y a pas lieu de prendre des mesures financières nouvelles pour cet objet ;

   Qu'il y est suffisamment pourvu par les crédits
inscrits au budget actuel et que la question se ré-
duit à un simple mouvement de personnel pour lequel, aux termes des lois, la municipalité est absolument sans compétence ;

   Par ces motifs :

   Le Conseil, après en avoir délibéré,

   Passe à l'ordre du jour pur et simple sur les mémoires en dommages-intérêts présentés par les congréganistes.

   Dit qu'il n'y a pas lieu d'accepter la transaction
proposée par M. le préfet, dans ses dépêches préci-
tées.

   Dit, encore, qu'en l'état des choses, la municipalité n'a aucune action à exercer pour assurer
l'exécution de l'arrêté du 21 mars 1872.

Ces trois résolutions successivement mises aux voix, par le Maire, sont adoptées par le Conseil et l'ensemble de la délibération est voté à l'unanimité.

Cette délibération porte la date du 20 août 1873.

Documents manquants (pages, cahiers...)

NF Z 43-120-13